Pferde-geschichten

8 tolle Geschichten für Kids ab 8 Jahren

Impressum

Herausgeber:
Kinderleicht Wissen Verlag GmbH & Co. KG
Würzburger Str. 5, 93059 Regensburg
Tel.: 0941/56 81 89 54

Konzeption Layout/Satz:
Kinderleicht Wissen Verlag GmbH & Co. KG

Illustration Leitfigur Benny Blu älter:
Gregor Schöner

Umschlagillustration:
Marc Robitzky

Druck:
Himmer AG, Augsburg

ISBN 978-3-86751-331-9

Kinderleicht Wissen Verlag

Inhalt

Nichts als Pferde im Kopf

Eine Geschichte von Sonja Bülow
mit Bildern von Marc Robitzky

„Ding-dong-dong", ertönt es endlich. Auf den Schulgong hat Jette schon die ganze Stunde über gewartet. Während ihre Mitschüler anfangen, wild durcheinanderzuquasseln, wandern Jettes Gedanken bereits in den Reitstall.

„Heute kommt das neue Pferd", denkt sie aufgeregt. Tom, der Reitlehrer, hat erzählt, dass es ein Araberhengst ist. Diese Pferderasse hat Jette bisher noch nie in echt gesehen.

So schnell es geht, lässt sie Bücher und Hefte in ihrem Rucksack verschwinden und rennt aus dem Klassenzimmer. „Wir sehen uns nach dem Mittagessen im Reitstall", ruft sie ihrer besten Freundin Lina über die Köpfe der anderen hinweg zu.

Ungeduldig stürmt Jette nach Hause. Im Flur stolpert sie um ein Haar über ihren Kater Moritz. „Hast du mich erschreckt!", keucht Jette, während sie ihn hektisch zur Seite scheucht. Dann springt sie mit großen Schritten die Treppe hoch in ihr Zimmer. Dort wirft sie ihren Rucksack in die Ecke und zieht eilig ihre Sachen aus.

Jettes Mutter hat das laute Trampeln gehört und ruft zu ihrer Tochter hinauf: „Jette, komm bitte mal runter!"

Aber Jette steckt bis zu den Schultern im Kleiderschrank. Schnell schlüpft sie in ihre Reithose und schnappt sich den Putzkasten und die Reitkappe. Dann saust sie wie ein Wirbelwind die Treppe hinunter. Unten angekommen, läuft sie ihrer Mutter direkt in die Arme.

„Hallo, du kleines Cowgirl. Heute musst du die Reitstunde leider mal ausfallen lassen. Hol bitte Lars vom Kindergarten ab. Papa arbeitet heute länger und ich habe einen Termin beim Arzt."

Jette verzieht
das Gesicht. Ihr
kleiner Bruder
kann manchmal
richtig nerven.
„Aber Mama, das
geht nicht", protes-
tiert sie laut-
stark. „Heute
kommt das
neue Pferd. Ein
schwarzer Araber!"
Betrübt lässt sie
die Schultern
hängen.

„Der läuft doch nicht weg", tröstet ihre Mutter sie.
Aber Jette ist so enttäuscht, dass ihr beinahe die
Tränen kommen.

„Bis um vier sind es zwei Stunden. Wenn du das
Fahrrad nimmst und nur kurz zum Reitstall fährst,

schaffst du es bestimmt noch pünktlich zum Kindergarten", schlägt Jettes Mutter vor.

Da fängt Jette wieder an zu strahlen. „Mach ich!",
verspricht sie. Überglücklich fällt sie ihrer Mutter um
den Hals.

„Aber pass auf der Straße auf und vergiss Lars
nicht, hörst du!", ermahnt ihre Mutter sie, als Jette
ihre Reitstiefel anzieht.

Nach einer guten halben Stunde ist Jette am Reitstall angelangt. „Hi Lina", begrüßt sie ihre Freundin
völlig außer Atem.

„Komm, lass uns gleich zu den Boxen gehen",
sagt Lina und stupst Jette an. „Ich bin total gespannt auf den Neuen."

Neugierig eilen die Mädchen zum Stall. Dort drän-
gen sich bereits die anderen Reitschüler und reden
aufgeregt durcheinander. In der dritten Box steht
ein herrliches pechschwarzes Pferd. Mit ängstlichen
Augen blickt es die Kinder an.

Da kommt auch schon Tom, der Reitlehrer. „Macht
mal Platz", sagt er und bahnt sich einen Weg durch
die Menge. „Ich führe Sindbad auf den Hof, da
könnt ihr ihn besser bestaunen. Aber verhaltet euch

ruhig!", fügt er hinzu. „Sindbad ist heute den ersten Tag hier und noch sehr nervös."

Sindbads seidiges Fell glänzt in der Sonne. Angespannt zieht er am Führstrick. Jette und Lina folgen Tom und Sindbad hinaus vor den Stall.

„Siehst du, wie er seine Ohren spitzt?", raunt Jette ihrer Freundin leise zu.

„Wahrscheinlich würde er am liebsten abhauen", antwortet Lina und schaut Sindbad mitleidig an.

„Kein Wunder, schließlich kennt er euch ja noch nicht", erklärt Tom. „Araber haben sehr viel Temperament und erschrecken leicht."

Mit hoch erhobenem Kopf schaut Sindbad auf die Kinder hinunter und wiehert.

„Auf dem würde ich gerne mal reiten", meint Jette. „Draußen im Wald, das muss toll sein."

„Ja, er ist bestimmt der Schnellste im ganzen Reitstall", stimmt Lina beeindruckt zu.

„Wenn ich einmal ein eigenes Pferd habe, soll es genauso sein wie Sindbad", schwärmt Jette weiter.

„Kannst dir ja 'nen Araber zu Weihnachten wünschen", grinst Lina. Jette lacht. Ein eigenes Pferd, das würden Mama und Papa ihr nie kaufen! Aber dafür darf sie ja in den Reitstall.

Tom hat in der Zwischenzeit Sindbad angebunden und Sattel und Zaumzeug geholt.

„So, dann wollen wir mal sehen, wie er sich beim Reiten macht", meint Tom und sattelt den Hengst.

Nachdem er ihm das Zaumzeug angelegt hat, führt der Reitlehrer das Pferd zum Reitplatz. Die Kinder folgen ihnen mit neugierigen Blicken.

Tom und Sindbad drehen eine Runde nach der anderen. Das schwarze Pferd hebt die Beine wie ein Tänzer und schwebt geradezu auf der Bahn dahin.

Jette macht große Augen. Der Araber ist wirklich ganz anders als alle anderen Pferde im Reitstall.

„Wenn ich irgendwann mal auf Sindbad reiten darf, soll meine ganze Familie zuschauen. Mama, Papa, Lars …", träumt Jette. „Mist, Lars hab ich ja ganz vergessen", schießt es ihr plötzlich durch den Kopf. Erschrocken starrt sie auf die Uhr: Es ist schon zehn vor vier! „Ich muss los!", ruft sie ihrer Freundin zu. „Um vier soll ich doch Lars vom Kindergarten abholen."

„Na dann viel Glück", schreit ihr Lina hinterher. „Vielleicht schaffst du's noch!"

Doch Jette ist schon losgeradelt. Wie wild tritt sie in die Pedale. Vor dem Kindergarten muss sie so stark bremsen, dass sie ein Stück zur Seite rutscht und fast vom Rad stürzt.

„Es ist keiner mehr da", stellt Jette fest, während sie nach Luft schnappt. Und wirklich: Die große, bunt bemalte Eingangstür ist bereits verschlossen.

„Was soll ich jetzt bloß Mama sagen?", überlegt sie. „Und was ist mit Lars?" Laut ruft sie nach ihrem kleinen Bruder. Aber kein Lars ist in Sicht. Jette bekommt es mit der Angst zu tun. Was ist, wenn er

alleine nach Hause wollte und sich verlaufen hat? Aber das hätte die Kindergärtnerin bestimmt nicht zugelassen … oder? Panik steigt in ihr auf. Hoffentlich ist ihm nichts passiert!

Jette geht einmal rund um den Kindergarten. Auch hier ist niemand mehr zu sehen. Langsam schiebt sie ihr Fahrrad nach Hause.

Dort angekommen, bemerkt sie, dass ihre Mutter bereits daheim ist. Jette traut sich erst gar nicht ins Haus. Schließlich überwindet sie sich und schleicht durch die Tür. In der Küche wartet auch schon ihre Mutter auf sie.

„Wo hast du denn Lars gelassen?", fragt sie mit vorwurfsvoller Stimme.

„Ich weiß nicht", mur-
melt Jette. „Der Kinder-
garten war schon zu."
Sie fängt an zu weinen.

„Komm erst mal mit
ins Wohnzimmer", trös-
tet ihre Mutter sie.

„Ja, aber ...", stam-
melt Jette.

Doch was ist das? Auf
dem Sofa sitzt ihr kleiner
Bruder mit einem Lut-
scher in der Hand.

„Lars!", ruft Jette erleichtert und fällt ihm um den Hals. „Ich hab mir solche Sorgen gemacht!"

„Lars ist schon seit einer halben Stunde daheim", erklärt Jettes Mutter. „Die Kindergärtnerin hat mich angerufen, weil ihn niemand abgeholt hat. Ich habe darum meinen Arzttermin verschoben." Tadelnd fügt sie hinzu: „Wenn du vor lauter Pferden nichts anderes mehr im Kopf hast, dann müssen wir deine Besuche im Reitstall wohl streichen."

Jette erschrickt. Nie wieder in den Reitstall? Das würde sie nicht überleben! „Es tut mir wirklich leid, so etwas kommt nicht noch mal vor", schluchzt sie und umarmt ihre Mutter.

„Also gut", lenkt ihre Mutter schließlich ein, „den Rest der Woche machst du aber mal eine Pferde- pause."

Jette nickt: „Einverstanden. Dann hole ich Lars auch die nächsten Tage vom Kindergarten ab. Ver- sprochen!"

Der Pferdeflüsterer

*Eine Geschichte von Nicola und Thomas Herbst
mit Bildern von Katja Wesner*

„Hey Mädels", ruft Jutta, die Trainerin, „kommt ihr
bitte vor dem Aufsatteln schnell in die Reithalle?"

Jutta wartet, bis sich die Mädchen vor ihr versam-
melt haben und verkündet dann: „Wir haben einen
neuen Reitschüler. Er trainiert ab jetzt mit euch."

Da erst bemerken die Mädchen den Jungen neben Jutta. Sofort geht ein Raunen durch die Gruppe.

„Ach nein, das muss doch nicht sein: ein Junge beim Reiten", stöhnt Melly.

Schüchtern steht der „Neue" neben der Reitlehrerin und wirft den Mädchen vorsichtig Blicke zu. „Hi, ich heiße Mark", stellt er sich mit leiser Stimme vor.

Doch er bekommt nur ein gelangweiltes „Hallo" zur Antwort.

„Na, wer zeigt denn Mark den Reitstall?" Jutta blickt fragend in die Runde.

Betreten schauen sich die Mädchen an. Aber niemand meldet sich.

„Kommt schon, nicht alle auf einmal", witzelt Jutta. „Melly, wie wäre es denn mit dir?"

Melly verdreht die Augen. „Wenn es unbedingt sein muss."

Zögerlich folgt Mark dem Mädchen zum Stall.

„Also, das ist die Stallgasse. Dort drüben ist die Sattelkammer. Da findest du die Zügel und den Sattel für dein Pferd", erklärt Melly dem Neuen lustlos.

Mark gibt keinen Ton von sich. Die schnippische Art von Melly verunsichert ihn.

„Hallooo, kannst du vielleicht auch sprechen?",
fährt Melly ihn deshalb mürrisch an.

„Warum ist die bloß so furchtbar unfreundlich?",
denkt Mark und schaut zerknirscht drein.

Melly gehen ganz andere Gedanken durch den
Kopf: „Der kann sich sicher keine Minute im Sattel

halten. Jungs haben bei uns nix verloren. Die haben doch keine Ahnung von Pferden."

Melly bleibt bei den Pferdeboxen stehen: „So, jetzt stell ich dir noch unsere Pferde vor: Das ist Samson, ein Norweger, das ist Biene, ein Islandpony und …" Melly geht von Box zu Box und redet ohne Punkt und Komma.

„Und das", kommt sie schließlich zum Schluss, „ist das schönste Pferd im Stall: Angelo. Er gehört übrigens mir. Ich hab ihn zum Geburtstag bekommen. Ein echter Appaloosa."

In der Box steht ein wunderschöner weißer Hengst mit braunen Punkten. Neugierig schnuppert er an Marks Jackentasche. Mark beginnt, den Hengst liebevoll zu streicheln.

Doch schon drängelt Melly: „Ich muss Angelo jetzt für die Reitstunde fertig machen. Welches Pferd nimmst du denn? Hat dir Jutta schon eins zugeteilt?", fragt sie.

„Ich wollte eigentlich erst mal nur beim Training zugucken, damit ich sehen kann, was ihr so macht", antwortet Mark.

„Der hat wahrscheinlich Angst, sich hier gleich in der ersten Stunde zu blamieren", glaubt Melly und grinst spöttisch. „Dann hilfst du mir eben, Angelo fertig zu machen", schlägt sie vor und bindet ihr Pferd vor dem Stall an.

„Klar, gerne", meint Mark und öffnet die Kiste mit den verschiedenen Putzsachen.

Bevor Mark auch nur einen weiteren Ton sagen kann, beginnt Melly schon wieder zu plappern. Sie drückt ihm einen Striegel in die Hand und erklärt ihm, wie man ein Pferd putzt. „Am besten fängst du einfach mal damit an und ich hole in der Zwischenzeit den Sattel", bestimmt Melly.

Als sie wieder zurückkommt, ist Mark fast fertig.
Er entfernt gerade mit der Kardätsche den Staub aus
dem Pferdefell. „Der stellt sich gar
nicht so dumm an. Und
eigentlich sieht er ja
ganz nett aus",
muss sich
Melly einge-
stehen.

Plötzlich
scheppert
und kracht
es fürchterlich.

Vollbepackt mit dem Sattel ist Melly über eine acht-
los abgestellte Schubkarre gestolpert.

Von dem Lärm aufgeschreckt wiehert Angelo laut
und reißt sich los. Voller Panik steigt das Pferd auf
und stürmt davon.

„Oh nein", schreit Melly, „hoffentlich läuft er nicht
auf die Straße!"

Mark sprintet dem Ausreißer hinterher und sieht, wie der Hengst direkt auf die Straße zusteuert. Gerade kommt Sarah mit ihrem Pferd um die Ecke. Mark schnappt ihr geistesgegenwärtig die Zügel aus der Hand und schwingt sich in den Sattel. Schnell galoppiert er hinter Angelo her.

Kurz vor der Straße hat er ihn endlich eingeholt. Behutsam redet Mark auf den jungen Hengst ein: „Ganz ruhig, Angelo. Keine Panik."

Schließlich gelingt es ihm, den Führstrick zu erwischen. Angelo tänzelt noch etwas herum und schnaubt nervös. Aber dann lässt er sich doch von Mark besänftigen. Langsam kehrt Mark mit den beiden Pferden zum Stall zurück.

Staunend steht Melly neben Sarah und beobachtet die Szene ungläubig. „Ich dachte, der kann gar nicht reiten", flüstert sie Sarah etwas verlegen zu.

„Und wie der reiten kann", gibt Sarah anerkennend zurück. „Ein Pferdeflüsterer scheint er auch zu

sein. Sonst hätte er deinen Angsthasen Angelo bestimmt nicht so schnell beruhigt."

Zurück beim Stall springt Mark aus dem Sattel. Sarah strahlt Mark begeistert an und beglückwünscht ihn zu seiner tollen Rettungsaktion: „Echt ein filmreifer Auftritt. Wo hast du denn das gelernt?"

„Ich reite schon länger, genauer gesagt seit vier Jahren", gibt Mark jetzt etwas selbstbewusster zur Antwort. Als er Melly den Führstrick von Angelo in die Hand drückt, weiß sie gar nicht, was sie sagen soll. Betreten schaut sie zu Boden.

„Dankeschön. Tut mir leid, ich habe Angelo wohl nicht richtig festgebunden", murmelt sie leise.

„Schon okay", meint Mark und lächelt ihr zu.

Plötzlich stupst Angelo Melly in die Seite, sodass sie Mark direkt in die Arme fällt.

„Hoppla, Angelo möchte wohl, dass wir Freunde werden", grinst Mark.

Jetzt muss Melly lachen. Vielleicht sollte sie dem Pferdeflüsterer doch eine Chance geben ...

Was für ein Geburtstag

Eine Geschichte von Annika Christof
mit Bildern von Naeko Ishida

Nur noch einmal schlafen, dann ist es endlich so weit: Sybilles zehnter Geburtstag! Voller Vorfreude schlüpft sie in ihren Schlafanzug. Zusammen mit ihrem kleinen Stoffpferd Lotte kuschelt sie sich in

ihr warmes Bett. Auf ihrer Decke tummeln sich viele kleine Ponys. An der Wand galoppiert auf einem Poster ein schwarzer Hengst vorbei. Und auch sonst sieht man im Zimmer überall nur eins: Pferde, Pferde, Pferde.

Seit Sybille denken kann, ist sie ganz vernarrt in die anmutigen Vierbeiner. In ihrem Regal stapeln sich massenweise Bücher und Zeitschriften über die Tiere. Jeden Abend blättert Sybille sehnsüchtig darin und träumt von einem eigenen Pony.

„Unsere Sybille ist ja eine richtige Pferdeexpertin", stellte Tante Anne bei ihrem letzten Besuch bewundernd fest.

Aber bisher hat Sybille noch nicht einmal Reitstunden nehmen dürfen. Immer wenn sie ihre Eltern danach fragte, bekam sie die gleiche Antwort.

„Dafür bist du zu jung, meine Kleine", sagte Papa jedes Mal und Mama tröstete sie: „Ein bisschen musst du dich schon noch gedulden."

„Dieses Jahr müssen sie mir einfach Reitstunden zum Geburtstag schenken. Immerhin werde ich morgen schon zehn", flüstert Sybille ihrem Stoffpferd Lotte leise ins Ohr.

Am nächsten Tag wacht sie ganz früh auf. Fröhlich klettert Sybille aus ihrem Bett und schleicht auf Zehenspitzen zur Zimmertür. Aus der Küche dringt ein leises Flüstern und das Klappern von Geschirr. Schnell schnappt sich Sybille ihr Stoffpferd und hüpft die Treppe hinunter. Schon so lange hat sie auf diesen Tag gewartet.

„Da ist ja unser Geburtstagskind!", ruft ihre Mutter laut, als sie Sybille sieht. Auch Papa gratuliert ihr herzlich.

Dabei versucht Sybille, unauffällig einen Blick auf ihren Geburtstagstisch zu erhaschen. In der Mitte thront eine leckere Torte mit zehn brennenden Kerzen. Neben einem schönen Blumenstrauß entdeckt sie zwei kleine, bunte Päckchen und einen gelben Umschlag.

Ihr Vater stupst sie liebevoll an. „Dann mal ran an die Geschenke!"

Mit klopfendem Herzen wickelt Sybille die beiden Päckchen aus. Ein neues Federmäppchen und ein Buch kommen zum Vorschein. Der Umschlag enthält eine Karte von Tante Anne.

Aber was ist mit den Reitstunden? Erwartungsvoll
sieht Sybille ihre Mutter an.

„Wir dachten, du könntest mal wieder neuen Le-
sestoff brauchen", erklärt ihre Mutter mit einem
Grinsen im Gesicht. „Das ist eine sehr spannende
Pferdegeschichte."

„Danke", murmelt Sybille betreten. Sie kann ihre Enttäuschung kaum verbergen.

„Dann bis heute Abend, meine Kleine!" Gut gelaunt drückt Papa ihr einen Kuss auf die Stirn. Mit seinem Aktenkoffer in der Hand verlässt er eilig das Haus.

Sybilles Kopf fühlt sich plötzlich ganz leer an. Keine Reitstunden! Und sie hatte sich doch so darauf gefreut. In der Schule hatte sie es sogar schon ihren Freundinnen erzählt. Sie war sich sicher, dass es diesmal klappen würde. Tapfer schluckt Sybille die aufsteigenden Tränen hinunter und verschlingt so schnell wie möglich ihr Frühstück. Sie will nur noch weg von hier.

Doch in der Schule wartet schon die nächste schlechte Nachricht auf sie.

„Ihr müsst leider heute Nachmittag ohne mich feiern", eröffnet ihr Rita, Sybilles beste Freundin. „Ich muss auf meinen kleinen Bruder aufpassen." Genervt verdreht Rita die Augen.

Enttäuscht wendet sich Sybille an ihre beiden Freundinnen Ines und Lea. „Aber ihr kommt doch?"

Schon seit Wochen haben sie diese kleine Geburtstagsfeier geplant. Ihre Eltern haben sogar erlaubt, dass die drei bei ihr übernachten dürfen.

Beschämt schauen die beiden jetzt zu Boden.

„Ähm … wir können leider auch nicht", stottern sie leise im Chor.

Sybille starrt sie ungläubig an.

„Theaterprobe", erklären ihr Lea und Ines wie aus der Pistole geschossen und mit ungewöhnlich hoher Stimme. „Nächste Woche ist doch das Schulfest. Da müssen wir noch jede Menge üben."

Sybille kann es gar nicht fassen. Was für ein blöder Geburtstag! Wäre sie heute Morgen bloß im Bett geblieben.

Traurig macht sich Sybille nach der Schule auf den Heimweg. Jetzt muss sie ihren Geburtstag ganz alleine verbringen. Und mit ihren Freundinnen stimmt auch irgendetwas nicht. Nach der Pause haben sie sogar hinter ihrem Rücken getuschelt. Rita hat Ines verschwörerisch zugezwinkert und gekichert.

Sybille wird langsam wütend. Wie können ihre besten Freundinnen an ihrem Geburtstag nur so gemein zu ihr sein?

Zu Hause schmeckt Sybille nicht einmal ihr Lieblingsessen. Lustlos stochert sie auf dem Teller herum.

„Was hältst du von einem kleinen Ausflug?" Mitfühlend streichelt Mama ihr über den Kopf.

„Ich weiß nicht", murmelt Sybille leise. Sie hat heute eigentlich zu gar nichts mehr Lust.

Aber bevor Sybille protestieren kann, zieht Mama sie schon hinter sich her zum Auto. „Ich glaube, du könntest eine kleine Aufmunterung vertragen."

Sybille seufzt und schließt während der Autofahrt müde ihre Augen. Nein, den heutigen Tag kann wirklich nichts mehr retten.

Als sie die Augen wieder aufschlägt, parkt ihre Mama das Auto gerade auf dem Hof eines Reitstalls. Verdutzt starrt Sybille aus dem Fenster.

„Na komm schon! Oder bist du etwa auf der Rückbank festgewachsen?" Lachend öffnet Mama ihr die Tür.

In der Scheune tauchen auf einmal Sybilles Freundinnen und ihre Großeltern auf.

„Happy Birthday to you!" Lautstark stimmen sie alle zusammen ein Geburtstagslied an.

Plötzlich ist aus der Box hinter ihnen ein lautes Wiehern zu hören.

„Ich glaube, da möchte dir noch jemand gratulieren", sagt Rita geheimnisvoll.

Erst jetzt entdeckt Sybille das kleine, braun gescheckte Pony, das neugierig den Kopf aus seinem Stall streckt.

„Unser Geschenk hat leider nicht auf deinen Geburtstagstisch gepasst." Grinsend zwinkert Sybilles Oma ihrer Enkelin zu.

Sybille blickt verwirrt in die Runde. Einen Moment lang steht sie sprachlos und wie angewurzelt da. Doch dann fällt sie Mama, ihren Großeltern, ihren Freundinnen und anschließend ihrem neuen Pony freudestrahlend um den Hals. Sie kann ihr Glück kaum fassen!

Das Pony wiehert laut und stupst Sybille keck mit seiner Nase an. Sybille muss lachen und vor lauter Freude kommen ihr fast die Tränen. Das ist wirklich zu schön, um wahr zu sein. Ein eigenes Pony. Was ist das nur für ein verrückter Geburtstag!

Branco vor, noch ein Tor!

Eine Geschichte von Renate Wienbreyer
mit Bildern von Naeko Ishida

„Fahr schneller, Rebekka! Wir kommen sonst zu
spät zur Reitstunde", treibt Ole seine Freundin an.
Er und Vroni treten fester in die Pedale.

Rebekka schnauft: „Ich habe heute sowieso keine
Lust, also hetz mich nicht so."

Ole lässt sich ein Stück zurückfallen. „Keine
Sorge, du bekommst sicher Branco und der schafft
locker alle Hindernisse."

Rebekka brummt vor sich hin. Ja, das stimmt.
Branco fliegt nur so über die Stangen. Doch Rebek-
ka mag die Springstunden im Freien nicht so gerne.
Die Pferde sind draußen oft nervös und unruhig.
Darum reitet sie lieber in der Halle. Die Dressur-
übungen wiederholen sich zwar ewig. Aber wenigs-

tens erschrickt kein Pferd und buckelt, nur weil ein
paar Blätter rascheln.

„Gib endlich Gas, Rebekka, du bist ja nicht die
Schnellste beim Pferdesatteln", frotzelt Ole.

„Dafür bist du im Putzen eine echte Niete", giftet Rebekka zurück. Missmutig quält sie sich die letzte Anhöhe hinauf.

Dann erstreckt sich vor ihnen der große Reiterhof mit Halle, Ställen, Springparcours und Weiden.

„Nanu", wundert sich Rebekka. „Schaut mal, die Springbahn ist besetzt. Wo reiten wir dann heute?"

Tatsächlich ziehen zwei Kutschen ihre Kreise rund um die Hindernisse.

Herr Lorenz, der Reitlehrer, tritt aus der Halle. „Hallo Leute", begrüßt er sie. „Die Springstunde fällt heute leider aus. Wir haben Prüfung. Zwei Mädels machen das Bronzene Fahrabzeichen für Zweispänner. Dafür brauchen die Prüfer die Springbahn. Also weichen wir in die Halle aus."

„Juhu, so ein Glück!", jubelt Rebekka. „Manchmal gehen auch kleine Wünsche in Erfüllung."

„Beeilt euch", fordert der Reitlehrer die Gruppe auf. „Wir machen heute etwas ganz Besonderes.

Rebekka, du nimmst Branco, Ole ausnahmsweise Diabolo und Vroni bleibt bei Rubin. Ich spiele mit und nehme Fakir." Er holt Sattel und Zaumzeug und geht in die Box.

Rebekka bleibt verdutzt stehen. „Wie … spielen?
Was denn spielen? Gibt es heute keine Dressur-
stunde?", fragt sie verdattert.

„Nein, wir spielen Fußball", gibt Herr Lorenz
schmunzelnd zurück.

„Haha! Wir spielen Fußball und die Pferde gucken
uns wohl von der Bande aus zu? Cool!" Ole stellt

sich die Pferde bei einer La-Ola-Welle vor und kriegt einen richtigen Lachanfall. Während er Diabolo zur Halle führt, kichert er immer noch vor sich hin.

Rebekka schwirren die Gedanken nur so durch den Kopf. Fußball mit Pferden! Wie soll das denn gehen? Sie ist ganz gespannt, aber auch ein bisschen aufgeregt. Ob sie das überhaupt kann?

In der Halle fällt ihr Blick sofort auf einen großen, roten Gymnastikball in der Mitte. Vor den Wänden markieren Hütchen die Torfposten.

Herr Lorenz erklärt: „Rebekka und ich sind ein Team. Ole und Vroni, ihr seid unsere Gegner. Aber erst müssen sich die Pferde ein wenig an den Ball gewöhnen. Reitet mal darauf zu." Herr Lorenz lenkt sein Pferd zum Ball, die anderen folgen ihm. Neugierig beschnuppern die Pferde das merkwürdige Ding.

Branco stupst es vorsichtig mit der Nase an, Fakir gibt dem Ball einen Tritt mit dem Vorderhuf.

„Jawohl, du hast es raus", lobt der Reitlehrer. Sein Haflinger treibt den Ball im Schritt vor sich her.

Da startet Diabolo, setzt sich im Trab neben Fakir und luchst ihm den Ball ab.

Rebekka traut ihren Augen kaum. „N-nicht zu fassen", stottert sie vor sich hin. „Die Pferde spielen tatsächlich Fußball!"

Plötzlich rollt der Ball auf sie und Branco zu. Das ist ihre Chance! Der Wallach tänzelt etwas erschrocken rückwärts, aber Rebekka ist jetzt voll dabei. Sie treibt Branco energisch nach vorne. Der reagiert sofort und stößt seinen rechten Huf weit vorwärts. Super getroffen! Der Ball schießt durch die Länge der Bahn und …

„TOR, TOR!" brüllt der Reitlehrer begeistert.

„Auf geht's, Vroni, der Ball ist wieder im Spiel", feuert Ole seine Mitspielerin an und wendet Diabolo. Jeder dreht sein Pferd, um es in eine gute Position zu bringen. Und schon geht es spannend weiter.

„Vorsichtig, Leute. Fair bleiben! Rempeleien können wir nicht gebrauchen. Ich will keine roten Kar-
ten verteilen", mahnt Herr Lorenz.

Ole bringt Diabolo gut hinter den Ball und … TOR!
„1:1, Gleichstand", johlt Ole. Stolz lobt er Diabolo,
der den Ball mit der Nase ins Tor befördert hat.

„Hey, Nasenspiel! Gilt das etwa auch?", spielt
Rebekka die Beleidigte.

Herr Lorenz grinst. „Ja logisch. Das ist wie ein
Kopfball. Nur Handspiel ist im Fußball gegen die Re-
geln – also haben die Pferde ein Problem weniger."

Rebekka beobachtet Ole und Vroni. Sie sprechen
sich auf der rechten Spielfeldseite ab. Der Ball rollt
gerade von der Bande nach links weg. Ob sie ihn
zuerst erreichen kann?

„Los Branco, wir schaffen das. Angriff!", ruft Rebekka und treibt ihren Norweger an. Bereitwillig trabt er über die linke Flanke auf den Ball zu. Mit seinem Vorderhuf verpasst er ihm einen kräftigen Tritt. Der Ball rollt nicht mehr, nein, er fliegt durch die Luft und kracht donnernd ins Tor. Das ist das 2:1!

Nun gilt es, den Vorsprung zu halten. Ole versucht ständig, Rebekka abzudrängen, aber sie deckt den Ball gut ab. Auch Vroni kommt mit Rubin nicht an ihr und Branco vorbei.

Nach einer halben Stunde steht es noch immer 2:1. Mit einem Pfiff beendet Herr Lorenz das Spiel. Rebekka und ihr Reitlehrer sind die Sieger. Und ihr Branco hat zwei Tore geschossen! Völlig außer Atem, aber glücklich, führen die Freunde ihre Pferde zurück in den Stall.

„Das war die coolste Reitstunde, die wir je hatten", japst Ole. „Ich hätte nie gedacht, dass wir die Dressur-übungen mal für ein Fußballspiel brauchen können."

„Und Rubin hat vor lauter Spaß total vergessen, faul zu sein. Ich habe ihn gar nicht mehr wiedererkannt", lacht Vroni.

Freudestrahlend versorgen die Freunde ihre Pferde. Sogar Ole putzt Diabolo mit Feuereifer, so stolz ist er auf seinen „Torjäger".

„Branco, du bist der Größte", flüstert Rebekka ihrem vierbeinigen Fußballstar ins Ohr. „Dafür hast du dir ein extra Leckerli verdient."

Ein Abschied für immer?

Eine Geschichte von Annika Christof
mit Bildern von Christiane Franke

„Und in zwei Wochen dürfen Othello und ich endlich am Miniturnier teilnehmen", berichtet Katharina ihrer Mama stolz. Die beiden sind gemeinsam auf dem Weg zum Reitstall. Seit Katharina vor vier Jahren Othello bekommen hat, verbringt sie jede freie Minute mit ihrem schwarz gescheckten Pony. Jetzt dürfen sie sogar beim jährlichen Springreiten an den Start gehen. Das muss sie sofort Othello erzählen.

Doch anstelle ihres Ponys findet sie in Othellos Box nur Herrn Hufmaier, ihren Reitlehrer, vor. Er ist gerade damit beschäftigt, Othellos Stall auszumisten. Als er Katharina und ihre Mama entdeckt, schaut er erschrocken auf.

„Was machen Sie denn da? Und wo ist Othello?",
fragt Katharina und sieht sich verwundert um.

Herr Hufmaier fährt sich nervös mit den Händen
durch seine zerraußten Haare. Dann murmelt er mit leiser Stimme: „Es tut mir sehr leid, dass ihr es erst jetzt
erfahrt. Aber die Nacht war sehr chaotisch."

Sanft legt er seinen Arm um Katharinas Schultern. „Othello ist heute Morgen gestorben. Er hatte einen ..."

Aber Katharina hört seine letzten Worte schon gar nicht mehr. Gestorben? Was redet ihr Reitlehrer da? Gestern war Othello doch noch putzmunter. Sie haben den ganzen Nachmittag gemeinsam auf dem Reitplatz verbracht und trainiert.

Während ihre Mama leise mit Herrn Hufmaier spricht, steht Katharina nur wie angewurzelt da. Tausend Fragen schießen ihr durch den Kopf. Doch sie bringt keinen Ton heraus. Liebevoll nimmt Mama sie in die Arme.

Eine Viertelstunde später sitzt Katharina im Auto zusammengekauert auf dem Rücksitz. Mama versucht, sie zu trösten. Aber Katharina starrt nur aus dem Fenster. Othello ist tot! Bei diesem Gedanken spürt sie einen heftigen Stich im Herzen. Vielleicht hat sich der Reitlehrer ja geirrt? Vielleicht steht Othello mit den anderen Ponys draußen auf der Weide. Ja, so muss es sein!

„Mama, bitte lass uns zurückfahren. Herr Hufmaier hat sich sicher getäuscht!" Mit flehendem Blick bettelt Katharina sie an, umzudrehen.

„Ich kann gut verstehen, dass das schwer für dich ist, Katharina. Aber Othello kommt nicht wieder", sagt Mama und kleine Tränen laufen ihr über die Wangen.

Das macht Katharina beinahe wütend. Othello war doch ihr Pferd! Niemand, auch nicht Mama, kann wirklich verstehen, wie es ihr geht. Plötzlich fühlt sich Katharina schrecklich einsam. Was soll sie nur ohne Othello machen?

„Komm, ich koch dir jetzt erst mal einen warmen Kakao." Aufmunternd reicht Mama ihr beim Aussteigen die Hand. Aber Katharina ignoriert sie einfach. Stumm klettert sie aus dem Auto und läuft geradewegs in den Garten.

„Ihr könnt das doch alle gar nicht verstehen!", geht es ihr durch den Kopf. Am liebsten würde sie es laut herausschreien.

In ihrem Indianerzelt hinter dem Haus verkriecht sich Katharina unter einer Decke. Sie will nie wieder herauskommen. Ohne Othello würde sowieso nichts mehr richtig Spaß machen. Mit ihrem alten Plüschschwein Fred kuschelt sie sich in die dunkelste Ecke des Zeltes.

Sie ist so traurig, dass es richtig
wehtut. Aber warum kann sie bloß
nicht weinen? Noch keine einzige
Träne. Sie hat Othello doch
so gern gehabt! Und jetzt
weint sie nicht einmal um
ihn. Wütend schleu-
dert sie Fred weg.
Der kann
Othello
eh nicht
ersetzen.

„Katha
rina? Bist du
da drin?" Eine
leise Stimme reißt
Katharina aus ihren Gedanken. Vorsichtig steckt ihre
beste Freundin Lena ihren Kopf durch das Eingangs-
loch. „Darf ich?"

Katharina nickt ihr stumm zu.

„Deine Mama hat mir gerade erzählt, was passiert ist." Behutsam drückt Lena ihre Freundin an sich. „Dein Othello war wirklich ein tolles Pferd", flüstert sie Katharina leise ins Ohr. „Du kannst echt stolz auf ihn sein."

Plötzlich schießen Katharina dicke Tränen in die Augen. „Was soll ich bloß ohne ihn machen?", schluchzt sie laut.

Lena hält ihr ein Taschentuch hin. „Weinen tut gut, sagt meine Mama immer." Mitfühlend streichelt sie Katharinas Hand. „Als vor einem Jahr mein Hund Luki gestorben ist, war ich auch total fertig."

Katharina blinzelt und sieht ihre Freundin bedrückt an. „Und was hast du damals gemacht?"

„Ich habe tagelang viel geweint. Aber dann hatte meine Mama die Idee, eine Erinnerungskiste für ihn zu bauen."

Katharina horcht neugierig auf. „Eine Erinnerungskiste?"

„Ja, wir haben eine Kiste gebastelt. In die haben wir alle Dinge von Luki hineingepackt. Und immer wenn ich ihn jetzt vermisse, hole ich die Kiste hervor und schaue mir die Sachen an."

„Das macht ihn auch nicht wieder lebendig." Betrübt lässt Katharina die Schultern hängen.

„Nein, natürlich nicht. Aber so behalte ich all die tollen Augenblicke mit ihm noch besser in Erinnerung", erklärt ihr Lena aufmunternd.

„Vielleicht ist das gar keine so schlechte Idee", murmelt Katharina jetzt leise. Plötzlich fallen ihr die vielen Fotos von Othello und ihr ein. Mama hat sie alle gesammelt. „Wir könnten ein Othello-Fotoalbum basteln", schlägt sie vor und wischt sich die Tränen aus dem Gesicht.

„Komm mit", sagt sie zu Lena und zieht ihre Freundin hinter sich her.

Zusammen mit Katharinas Mutter breiten sie alle Fotos auf dem Küchentisch aus. Zu jedem Bild können sie eine Geschichte über Othello erzählen.

„In deinen Erinnerungen wird Othello immer lebendig bleiben, Katharina", sagt ihre Mama.

Nach und nach fallen Katharina immer mehr schöne Erlebnisse mit ihrem Pony ein: die Nacht, die sie im vergangenen Sommer bei ihm im Stall verbracht hat, der erste Ausritt, den sie allein mit ihm unternehmen durfte und viele andere Momente, an die sie in letzter Zeit gar nicht mehr gedacht hat.

Bei all diesen Gedanken huscht ein Lächeln über Katharinas Gesicht. Othello war ihr bester Freund. Ihm konnte sie alles erzählen – sogar ihre geheimsten Geheimnisse. Auf einem Foto stupst Othello sie mit seiner Nase an. Katharina muss schmunzeln. Ja, ihr Pony konnte schon ein richtiger Frechdachs sein.

Abends im Bett blättert Katharina das fertige Fotoalbum noch einmal alleine durch. Vorsichtig streicht sie über ein Foto von Othello und schließt ihre Augen. Es kommt ihr fast so vor, als könnte sie sein weiches Fell und seine feuchten Nüstern spüren. Wieder kullern Tränen über ihre Wangen. Gleichzeitig muss sie aber auch lächeln. Vielleicht hat Mama ja recht. In ihrer Erinnerung wird Othello immer bei ihr sein.

Lisa will zu viel

*Eine Geschichte von Sonja Bülow
mit Bildern von Ursula Roth*

Endlich Freitagmittag! Lukas und Lisa liefen von
der Schule nach Hause. „Hey Lisa", rief Lukas seiner Freundin zu, „kommst du heute Nachmittag
mit ins Freibad? Anna und Daniel sind auch da.

Vielleicht traust du dich ja diesmal aufs Fünfmeterbrett ..." Er grinste, während er gespannt auf ihre
Antwort wartete.

„Davor habe ich doch keine Angst!", entgegnete
Lisa cool. „Aber nächstes Wochenende findet im
Reitstall ein Springturnier statt und Einstein schafft
noch nicht alle Hindernisse. Wir müssen noch jede
Menge üben."

Seit Wochen trainierte Lisa mit ihrem braunen Wallach und gönnte sich und ihrem Pferd kaum eine Pause.

„Na gut, dann eben nicht." Lukas war sichtlich enttäuscht.

„Wenn ich bis dahin den Oxer nicht kann, war das ganze Training umsonst", rechtfertigte sich Lisa. „Aber kommt doch mit zum Turnier. Dann könnt ihr Einstein und mir zusehen. Und wenn es vorbei ist, zeige ich euch im Freibad, dass ich locker vom Fünfmeterbrett springen kann." Dieses Mal war Lisa diejenige, die herausfordernd grinste.

Lukas überlegte einen Augenblick. Dann lächelte er ebenfalls. „In Ordnung, dann feuern wir dich auf dem Springturnier an. Und wenn du gewinnst, spendierst du uns ein Eis."

„Abgemacht!", versprach Lisa siegessicher und verabschiedete sich.

„Hoffentlich war ich nicht zu vorlaut", zweifelte sie kurz darauf auf dem Heimweg. Dieser blöde Oxer war vom ganzen Parcours das Schwierigste. Das Hindernis bestand aus zwei Teilen, die direkt hintereinander aufgebaut waren. Einstein musste also nicht nur hoch, sondern gleichzeitig auch weit springen. Doch jedes Mal blieb Einstein mit dem Huf an der obersten Stange hängen und riss sie zu Boden. Diesen Sprung wollte Lisa unbedingt noch üben.

Als Lisa im Reitstall ankam, begrüßte Einstein sie mit lautem Schnauben.

„Freust du dich auch schon aufs Springen?" Lisa tätschelte ihm liebevoll den Hals.

Nachdem sie ihren Wallach gesattelt und gezäumt hatte, machten sich die beiden auf zum Übungsplatz.

Mühelos überflog Einstein die Hindernisse. Dann war der Oxer an der Reihe. „Komm, mein Großer", spornte Lisa ihr Pferd an. „Das schaffst du!"

Konzentriert lenkte sie Einstein zur Ausgangsposition. Dann stieß sie ihn mit der Ferse leicht in die Seite.

Einstein spitzte die Ohren und stürmte los. Lisa richtete sich in den Steigbügeln auf, um sich auf den Sprung vorzubereiten.

Doch dann ging alles ganz schnell: Kurz vor dem Oxer legte Einstein eine Vollbremsung hin und blieb stehen. Darauf war Lisa nicht vorbereitet. Sie flog alleine über das Hindernis und prallte dahinter hart auf den Boden.

„Auuuuu!", heulte sie vor Schmerz auf.

Erschrocken kam ihre Reitlehrerin Steffi über den Platz gelaufen. Sie hatte den Sturz von der Nachbarkoppel aus beobachtet. „Lisa, was ist passiert? Hast du dich verletzt?", fragte sie mit besorgter Miene.

„Mein Arm tut höllisch weh", stöhnte Lisa mit Tränen in den Augen. „Und ich kann die Hand nicht bewegen."

Aus dem Augenwinkel sah sie, wie Einstein um das Hindernis herumging und zu ihr trottete. Vorsichtig beugte er seinen Kopf zu ihrem Gesicht hinunter. Lisa spürte den warmen Atem aus seinen Nüstern.

„Hau ab", fuhr sie ihn enttäuscht an. „Du hast mir wehgetan!" Er hatte sie noch nie zuvor so im Stich gelassen. Wie konnte er sie nur abwerfen?

„Er kann doch nichts dafür", versuchte Steffi das aufgebrachte Mädchen zu beschwichtigen. „Zeig mal her, hoffentlich ist dein Arm nicht gebrochen. Ich fahr dich am besten ins Krankenhaus."

In der Notaufnahme wurde Lisa als Erstes zum Röntgen gebracht.

„Mit dem Reiten musst du leider ein paar Wochen Pause machen. Dein Arm ist gebrochen", erklärte der Arzt. „Jetzt bekommst du erst mal einen Gips. Und wenn alles gut verheilt ist, kannst du wieder in den Sattel steigen."

„Na toll", dachte Lisa. Sie wollte es einfach nicht glauben: Das Turnier war geplatzt. Sie hatte sich so ange-strengt und viel mehr trainiert als die anderen. Jetzt war alles umsonst. Und das nur wegen Einstein! Lisa war furchtbar wütend auf ihn.

Auch an den nächsten Tagen war ihre Laune auf dem Tiefpunkt. Eigentlich hätte sie mit Einstein auf dem Reitplatz sein sollen. So was Ungerechtes!

Eines Nachmittags klingelte es und ihre Reitlehrerin Steffi stand vor der Tür. „Na, wie geht's dir?", fragte sie. „Wann schaust du denn mal wieder im Reitstall vorbei?"

„Ich will Einstein nicht mehr sehen", entgegnete Lisa trotzig.

„Deinen Frust kann ich gut verstehen. Aber ich hab ihn mir nach eurem Unfall noch mal genau angesehen. Einstein hat sich die Bänder gezerrt. Der Tierarzt meint, das kann bei zu viel Training vorkommen", berichtete Steffi.

Sofort schlug Lisas schlechte Stimmung in Sorge um. „Dann hat er also nur gebremst, weil ihm die

Beine wehgetan haben", erkannte sie und fühlte sich auf einmal wahnsinnig schuldig. Wegen ihrem Übereifer musste Einstein leiden. „Ist es schlimm?", fragte sie beunruhigt.

„Komm ihn doch einfach besuchen! Ich glaube, er vermisst dich", sagte Steffi und lächelte ihr zu.

Das ließ sich Lisa nicht zweimal sagen. „Kann ich gleich mitkommen?", bat sie ungeduldig.

„Na klar! Einstein wird sich bestimmt sehr darüber freuen", versicherte Steffi ihr.

Im Reitstall stürmte Lisa in Einsteins Box und fiel ihm um den Hals. „Es tut mir so leid", flüsterte sie ihm mit tränenerstickter Stimme ins Ohr. „Ich hätte dir vertrauen sollen und wissen müssen, dass du mich niemals absichtlich verletzen würdest. Vor dem nächsten Turnier lassen wir uns ganz viel Zeit zum Üben. Versprochen!"

Ein neuer Stern geht auf

Eine Geschichte von Nicola und Thomas Herbst
mit Bildern von Ursula Roth

„Hallo meine Süße. Heute wollte die Mathestunde ja gar nicht zu Ende gehen. Aber jetzt bin ich endlich hier", flüstert Caro ihrer Luna ins Ohr.

Luna ist ein Haflingerpferd und gehört eigentlich Oma Erna. Oma hat einen Bauernhof und drei wunderschöne Pferde. Zum Glück wohnt sie nicht weit von Caro entfernt.

Schnell macht Caro die Haflingerstute fertig zum Ausreiten und schwingt sich in den Sattel. Gut gelaunt traben sie am Waldrand entlang. Als Caro galoppieren will, streikt Luna plötzlich.

„Was ist denn los mit dir?", fragt Caro verwundert. „Sonst kann es dir doch immer gar nicht schnell genug gehen."

In letzter Zeit ist Caro aufgefallen, dass Lunas Bauch dicker ist als sonst. Er sieht mittlerweile beinahe wie ein Ballon aus, so richtig aufgebläht. „Vielleicht ist sie ja krank und hat Bauchschmerzen?" Caro macht sich auf einmal große Sorgen.

Nach dem Ausritt führt Caro ihr Pferd in den Stall zurück. Sie ist noch so in Gedanken, dass sie Susanne, die Tierärztin, gar nicht bemerkt.

„Hallo Caro", ruft Susanne. „Hast du heute auch besonders gut auf Luna aufgepasst?"

Caro sieht Susanne fragend an. Wieso soll sie auf Luna besonders gut achtgeben?

Die Tierärztin lächelt geheimnisvoll und erklärt dann: „Luna bekommt Nachwuchs. Wusstest du das nicht?"

„Nachwuchs?", fragt Caro verdutzt.

„Ja, sie erwartet ein Fohlen. Es wird schon bald geboren."

Caro strahlt Susanne an. „Das sind ja tolle Neuigkeiten. Deshalb wollte sie heute also nicht galoppieren." Liebevoll streicht sie Luna durch die Mähne.

Das muss sie sofort Oma erzählen. Außer sich vor Freude läuft sie ihr vor dem Stall in die Arme. „Oma, weißt du schon das Neueste?", sprudelt es aus ihr heraus. „Luna bekommt ein Fohlen."

Oma schmunzelt. „Das weiß ich bereits eine ganze Weile. Es sollte eine Überraschung für dich werden." Die ist Oma aber wirklich gelungen.

In den nächsten Wochen verbringt Caro jede freie Minute mit Luna. Schule, Mittagessen, Hausaufgaben und dann schnell in den Stall. Das ist manchmal ganz schön stressig. Aber Luna braucht sie jetzt einfach. Davon ist Caro überzeugt.

Und wirklich: Luna genießt Caros Besuche. Nicht nur die zusätzlichen Streicheleinheiten mag sie.

Auch die täglichen Ausritte tun ihr gut – natürlich nicht zu schnell und ohne Springen.

Eines Tages bemerkt Caro, dass Luna sehr unruhig ist. Sie streichelt der Stute sanft über den Kopf. „Ganz ruhig, Luna", sagt sie leise.

Da schaut Oma zur Stalltür herein. „Hallo mein Schatz. Du kommst genau richtig. Heute könnte es so weit sein …", erklärt sie mit strahlenden Augen.

„Meinst du etwa, Luna wird heute noch Mama?", fragt Caro aufgeregt.

Oma nickt. „Ja, unsere Pferdedame ist heute sehr nervös. Außerdem haben sich kleine Tröpfchen an den Zitzen gebildet. Das ist ein typisches Zeichen", weiß Oma.

Nachdem sie ihre Oma mit Fragen gelöchert hat, ist Caro klar: So ein tolles Erlebnis kann sie sich nicht entgehen lassen. Sie beschließt, mit ihrer besten Freundin Tina im Stall zu übernachten. Zum Glück ist Freitag und ein freies Wochenende steht vor der Tür.

Eine Stunde später ist Tina bei Caro. „Toll, dass du gleich gekommen bist. Das wird bestimmt eine unvergessliche Nacht", schwärmt Caro.

Schnell richten sich die beiden Mädchen in einer leeren Pferdebox ihr Nachtlager ein. Nach dem

Abendessen kuscheln sich Caro und Tina in ihre Schlafsäcke.

„Gute Nacht! Schlaft gut und träumt was Schönes", verabschiedet sich Oma. „Ich werde immer wieder nach Luna sehen."

„Pah, wir schlafen doch heute Nacht nicht", prahlt Caro.

„Wir sind viel zu aufgeregt", fügt Tina hinzu.

Als Oma gegangen ist, fragt Tina: „Was es wohl werden wird? Eine Stute oder ein Hengst? Ein Hengst wäre toll."

„Es wird sicher eine süße kleine Stute. Mensch, ich freu mich schon so auf das Kleine. Das ist alles furchtbar spannend", strahlt Caro.

Dann knabbern die beiden Mädchen noch ein paar Salzstangen und unterhalten sich übers Reiten.

Auf einmal wiehert Luna laut und bewegt sich in ihrer Box unruhig hin und hcr.

„Oh, ich glaube, es ist so weit. Jetzt geht es los", flüstert Caro erwartungsvoll. Schnell schlüpfen die Mädchen aus ihren Schlafsäcken und eilen zu Lunas Box.

„Na, was ist los mit dir?", versucht Caro ihre Stute zu besänftigen und streicht ihr behutsam übers Fell.

Aber Luna beruhigt sich bald und die beiden Freundinnen machen es sich wieder bequem. „War wohl falscher Alarm", bedauert Caro.

Kurze Zeit später gähnt Tina: „Uaah, jetzt bin ich aber ganz schön müde."

„Du kannst ruhig ein Nickerchen machen. Ich halte hier die Stellung und wecke dich auf, wenn das Fohlen kommt", schlägt Caro vor.

„Aber du musst mich wirklich aufwecken, versprochen?", mahnt Tina.

„Versprochen", nickt Caro bestimmt.

Um nicht selbst einzuschlafen, setzt sich Caro im Schlafsack auf. Aber immer wieder muss sie sich die Augen reiben. „Halt durch, Zähne zusammenbeißen und wach bleiben", ermutigt sie sich selbst.

Doch die guten Vorsätze helfen nichts. Irgendwann nach Mitternacht ist es plötzlich ganz still im Stall: Auch Caro konnte die Augen nicht länger offen halten und ist eingenickt.

„Einen wunderschönen guten Morgen, ihr beiden. Hoffentlich habt ihr gut geschlafen", begrüßt Oma Erna sie am nächsten Tag.

„Was? Wie?", schreckt Tina auf.

„Ich bin doch nicht etwa eingepennt?", fragt Caro ungläubig und blickt sich verwirrt um.

Oma lächelt amüsiert. „Ich habe versucht, euch zu wecken, aber ihr habt geschlafen wie die Murmeltiere. Luna hat ihr Fohlen schon zur Welt gebracht."

Caro und Tina stürzen sofort zu Lunas Box. Dort drückt sich ein kleines, hellbraunes Fohlen ängstlich an die Seite seiner Mutter.

„Oh, wie süß!", ruft Caro begeistert.

„Und wie tollpatschig es auf seinen langen Beinen steht", findet Tina.

Luna lässt ihr Fohlen nicht aus den Augen und wiehert den beiden stolz zu.

Behutsam streichelt Caro über Lunas Rücken. „Das hast du wirklich toll gemacht."

„Darf ich vorstellen: Das ist Morgenstern. Sicher der passende Name für ein Fohlen, das kurz nach Sonnenaufgang geboren ist", erklärt Oma Erna.

Caro und Tina stehen noch lange da und bewundern den neuen Stern auf dem Bauernhof. Und obwohl sie die Geburt verschlafen haben, werden sie diese Nacht sicher nie vergessen.

Keine Angst, Goldfee!

Eine Geschichte von Renate Wienbreyer
mit Bildern von Christiane Gaebert

„Hallo Vladi, bist du's? Hier ist Mia. Äh … hast du vielleicht eine Fahne?", frage ich zögerlich.

„Hä? Was?" Natürlich wundert sich Vladi über meine komische Frage. Aber ich weiß nicht so recht, wie ich ihm alles erklären soll.

„Vladi, du bist doch Fußballfan. Dann hast du doch bestimmt so Fan-Krempel wie Schal, Tröte und Fahne, oder? Kann ich mir die mal ausleihen? Ich brauch sie ganz dringend!", flehe ich Vladi durchs Telefon an.

„Mensch Mia, dir würde ich fast alles borgen. Aber für die Fahne habe ich mein ganzes Taschengeld ausgegeben. Wozu brauchst du sie denn?"

Mir rutscht das Herz in die Hose, aber ich starte mutig einen zweiten Anlauf. Mit Grabesstimme hauche ich: „Es geht um Leben und Tod."

Vladi hält kurz den Atem an. „Wie, im Ernst? Erzähl! Was ist los?"

„Hol mich heute Nachmittag um drei Uhr ab. Dann erklär ich dir alles. Und bring bitte deine Fahne mit. Du musst sie auch gar nicht aus der Hand geben."

„Du machst es aber spannend", brummt Vladi.
„Aber okay, ich komme", gibt er schließlich nach.

Pünktlich um drei Uhr höre ich sein typisches
„Lang-kurz-lang-Klingeln". Ich nehme drei Stufen auf
einmal und tatsächlich: Er hat seine Fahne dabei.

„Vladi, du bist ein echter Freund", seufze ich erleichtert und ziehe ihn mit mir. „Komm, in zehn Minuten sind wir bei Goldfee auf dem Reiterhof."

Auf dem Weg zum Stall sprudelt es aus mir heraus: „Stell dir vor, sie soll verkauft werden, wenn sie nicht endlich Erfolg beim Turnier hat. Das ist doch total gemein, oder? Dabei ist Goldfee unglaublich lieb und zuverlässig. Sie nimmt die schwierigsten Hindernisse und ist einfach ein super Pferd zum Reiten. Na ja, zumindest im Training.

Aber wehe es ist ein Turnier und sie soll ihrem Besitzer, Herrn Beck, zeigen, was sie kann. Dann versagt sie auf ganzer Linie. Sie scheut und bockt mir vor jeder Stange.

Neulich habe ich gehört, wie Herr Beck Goldfee beschimpft hat: ‚Als Wurst wärst du billiger. Wird Zeit, dass du dein Futter verdienst!' Herr Beck meinte zwar, das wäre nur Spaß, aber ich habe mich so erschrocken, dass mir ganz flau im Magen geworden ist. Verstehst du, sie muss im Turnier erfolgreich sein, sonst sind ihre Tage gezählt", übertreibe ich ein bisschen.

„Und weißt du, was Goldfee richtig wahnsinnig macht?", frage ich ihn.

„Keine Ahnung. Vielleicht die tollen Hengste auf der Koppel?", schlägt Vladi mit einem Augenzwinkern vor.

„Ach, so ein Quatsch! Die vielen flatternden Fahnen, die überall um die Springbahn hochgezogen sind. Außerdem hasst Goldfee die laute Marschmusik und sie wird richtig panisch bei dem Geschrei der vielen Leute. Sie weiß einfach nicht, wo sie bei dem ganzen Trubel zuerst hinhören soll. Dann kriegt sie es natürlich mit der Angst zu tun und verweigert den Sprung", erzähle ich Vladi ausführlich.

„Alles klar, aber wie sieht dein Rettungsplan aus?", will Vladi nun wissen.

„Wir proben mit ihr den Ernstfall und machen ein Anti-Angst-Training. Ich bin sicher, dass sie

lernen kann, mit dem Trubel umzugehen", erkläre
ich ihm meine Idee.

„Wir müssen nur langsam anfangen, damit sie
sich daran gewöhnen kann. Aber dazu brauche ich
deine Hilfe", bettele ich.

„Äh ... wirklich?" Jetzt wird Vladi verlegen und
beinahe ein wenig rot im Gesicht. Aber er hat ange-
bissen und ist Feuer und Flamme für meinen Plan. Er
will sofort loslegen.

Endlich habe ich meine Lieblingsstute gesattelt
und ihr das Zaumzeug angelegt. Vladi stellt sich an
die Längsseite der Halle und spielt Zuschauer. „Los,
Goldfee! Du packst das!", ruft er.

„Erst mal nur die Fahne hochhalten und nicht bewegen!", ermahne ich Vladi. „Wenn sie dann nicht
scheut, versuchen wir es mit Fahnenschwenken
und den Anfeuerungsrufen."

Eine Stunde lang trainieren wir so mit der Stute.
Anfangs schaut sie ständig nervös zur Bande, wo

Vladi johlt und sie aus voller Kehle anfeuert. Nach einiger Zeit schenken ihre Ohren Vladis Geschrei nur noch ein klein wenig Aufmerksamkeit.

Goldfee hat verstanden, dass dieser verrückte Typ harmlos ist. Irgendwann bemerkt sie ihn gar nicht mehr und nimmt die Hindernisse ohne Schwierigkeiten. Nach jedem sauberen Sprung trotz Lärm und Geflatter an der Bande, gebe ich ihr ein Leckerli und lobe sie.

„Super, Vladi, ich glaube das reicht für heute", bedanke ich mich. „Meinst du, ein paar deiner Kumpels hätten morgen Zeit, uns zu helfen? Dann könnten wir das Training noch ein wenig steigern."

„Hmm", überlegt er und grinst, „ein paar Freunde aus dem Fußballverein könnte ich bestimmt überreden. Johlen, schreien, Fahnen schwenken, trompeten und trommeln – das ist unsere leichteste Übung."

Vladi hält Wort. Am nächsten Nachmittag steht er mit einigen Freunden am Reitstall bereit. Die Jungs

sind perfekt ausgerüstet mit allem, was bunt und
laut ist: mit Fahnen, Rasseln und Tröten. Ob Goldfee
diesen Härtetest besteht?

Mir ist schon ziemlich mulmig, als ich mit ihr in die Halle einreite. Die Jungs verteilen sich auf alle Seiten. Goldfee tänzelt verunsichert herum, aber ich treibe sie energisch voran.

Vladi hat sich gut mit seinen Freunden abgesprochen. Sie fangen leise an und lärmen mit der Zeit immer mehr.

Die Stute entspannt sich erst, nachdem sie merkt, dass keiner der Krawallmacher ihr wirklich nahe kommt und auch die Fahnen an Ort und Stelle bleiben.

„Ja, Goldfee, alles ist gut. Keiner tut dir was, wenn ich dabei bin", flüstere ich ihr liebevoll ins Ohr.

Sie schnaubt, als hätte sie mich verstanden. Am Ende nimmt sie zwar etwas widerwillig, aber ohne Fehler alle Hindernisse. Das war harte Arbeit für uns alle. Doch die viele Mühe hat sich auf jeden Fall gelohnt.

„Prima, wenn du so weitermachst, haben wir am Sonntag auf dem Turnier eine Chance", lobe ich sie.

Am Tag des großen Springturniers bin ich ziemlich aufgeregt. In der letzten Nacht konnte ich kaum schlafen. Aber als ich Goldfee putze und sattle, weiß ich, dass ich nun ganz stark für sie sein muss. Sie soll spüren, dass ich ihr vertraue. Dann kann sie auch erfolgreich sein.

„Schau, Goldfee, wie schön die Fahnen wehen. Und da hinten steht Vladi mit seinen Freunden. Sie machen mal wieder Krach, das ist ja nichts Neues für dich. Das kennst du bereits alles", beruhige ich mein Pferd mit leiser Stimme.

Als endlich unser Startsignal ertönt, reiten wir energisch in die Bahn ein. Goldfees Ohren spielen zwar nervös hin und her, aber sie reagiert gut auf meine Kommandos.

Die ersten Hindernisse nimmt sie locker und ganz konzentriert. Vor dem höchsten Hindernis wirft sie den Kopf wild in die Höhe. Hier sind wir genau neben den flatternden Fahnen. Am liebsten würde Goldfee umkehren und davonlaufen, das merke ich.

Verschwommen entdecke ich Vladi zwischen den Zuschauern. Er hält beide Daumen hoch. Ich nehme das Hindernis in den Blick.

„Du schaffst das. Spring, spring Goldfee … jetzt!", mache ich meinem Pferd Mut. Sie steigt schwungvoll in die Höhe und setzt sanft wieder auf.

„Super, keine Stange gerissen, was für ein Glück!",
geht es mir durch den Kopf. „Der Rest wird für uns
ein Kinderspiel."

Tatsächlich meistert
Goldfee alle Hinder-
nisse ohne Fehler. Mit
der Zeit haben wir
zwar ein bisschen
gebummelt, aber das
war heute nicht so
wichtig.

Deshalb bin ich völ-
lig überrascht, als wir
doch noch auf dem
dritten Platz landen.

Ich platze fast vor
Stolz: Meine Stute hat
heute allen gezeigt, was
wirklich in ihr steckt. Ihre
Angst ist überwunden.

Herr Beck kommt auf uns zu und lächelt: „Herzlichen Glückwunsch euch beiden. Das habt ihr toll gemacht. Ich hab's ja immer gewusst, dass in Goldfee eine gute Springerin steckt!" Freundlich tätschelt er ihr den Hals.

„Werden Sie Goldfee also nicht verkaufen?", frage ich Herrn Beck ängstlich.

„Ach, wieso denn, Mia? Ihr zwei seid ein so tolles Team und dabei soll es natürlich bleiben", beruhigt er mich.

Vladi kommt über beide Ohren grinsend angeschlendert. Ich renne ihm fröhlich entgegen.

„Danke, ohne dich hätten wir das nie geschafft!", rufe ich ihm zu und falle ihm vor Freude um den Hals.

„Immer wieder gerne", lacht Vladi. Er hebt mich hoch und wirbelt mich herum. Nun werde ich ein bisschen rot.

Bücherbande

Spannende Lesebücher für Kids ab 8 Jahren

Je 104 Seiten, Format DIN A5, Hardcover

je Buch **7,80 €** (D) / 8,10 € (A)

✓ 8 bunte Kurzgeschichten zum Thema
✓ Unterschiedliche Textlängen für Viel- und Wenigleser
✓ Ideal zum Selbst- und Vorlesen
✓ Wunderschöne Farbillustrationen

Detektivgeschichten
Band 3004

Feriengeschichten
Band 3005

Pferdegeschichten
Band 3006

Abenteuergeschichten
Band 3001

Freundschaftsgeschichten
Band 3002

Schulgeschichten
Band 3003

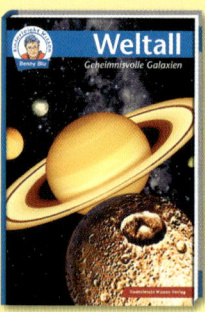